D1728388

Eintragbuch

Meine Notizen

Tag für Tag

Impressum

© Copyright 2016, **garant** Verlag GmbH, Benzstraße 56, 71272 Renningen
Alle Rechte vorbehalten.

www.garant-verlag.de

Die Ratschläge in diesem Buch sind von Autoren und dem Verlag sorgfältig geprüft worden, dennoch kann eine Garantie nicht übernommen werden. Eine Haftung der Autoren bzw. des Verlags für Personen-, Sach- oder Vermögensschäden ist deshalb ausgeschlossen.

Die Verwertung der Texte und Bilder, auch auszugsweise, ist ohne Zustimmung des Verlags urheberrechtswidrig und strafbar. Das gilt auch für Vervielfältigungen, Übersetzungen, Mikroverfilmung und für die Verarbeitung mit elektronischen Systemen.

Redaktion: KOMMa Redaktionsbüro Gabriele Jockel
Gestaltung und Satz: Simone Halfar
Bilder: www.fotolia.de

ISBN 978-3-7359-1128-5

Weiterführende Literatur:
Christian Scherf: Schreiben Tag für Tag, Journal und Tagebuch;
Dudenverlag Mannheim·Zürich
Rosemarie Meier-Dell'Olivio: Schreiben wollte ich schon immer; Oesch Verlag, Zürich

Eintragbuch

Meine
Notizen

Tag für Tag

garant

> **Wenn ich das Leben noch einmal leben könnte,**
> **würde ich es wieder so wollen, wie es war.**
> **Ich würde nur mit offenen Augen**
> **durchs Leben gehen.**
>
> *Jules Renard, 1864–1910, französischer Roman- und Tagebuchautor*

Ein Tagebuch zu schreiben, das haben schon unzählige Menschen getan und ebenso viele tun es auch heute noch.

Häufig beginnt man mit seinen Tagebuchnotizen als Jugendlicher, meist in der Pubertät, wenn einem tausend Gedanken durch den Kopf gehen, man auf unendlich viele Fragen Antworten sucht, sich anvertrauen möchte und nicht weiß, wem.

Das verschwiegene Tagebuch, Hüter der geheimsten Gedanken, wird sorgsam geführt und – oft auch verschlossen – an einem besonderen Ort verwahrt. Niemand soll wissen, was in einem vorgeht, es ist das ganz Eigene, etwas besonders Wertvolles, was keinen Erwachsenen – und noch viel weniger die Geschwister – etwas angeht.

Das macht den Reiz des Tagebuchführens aus, der leider bei vielen mit dem Eintritt ins Erwachsenendasein nachlässt, weil man glaubt, keine Zeit mehr dafür zu haben und sich anderen, „wichtigeren" Dingen widmen zu müssen. Wie schade ist das!

Viele Menschen, denen als Erwachsene das Tagebuch ihrer Kinder- und Jugendzeit in die Hände fällt und die darin stöbern, sind erstaunt über die Vielfalt der Gedanken und Gefühle, die sie damals auszudrücken imstande waren.

Sie empfinden das mit einer gewissen Rührung für die vielerlei Probleme und Kümmernisse, die damals so groß waren und heute so klein und bewältigbar erscheinen. Sie fühlen mit bei den Schilderungen des ersten Verliebtseins, des ersten Liebeskummers, der ersten sexuellen Erfahrungen, Träumereien und Sehnsüchte. Vor ihnen entstehen die Bilder aus vergangenen Tagen, längst Vergessenes wird wach, die Jugend kehrt zurück.

Viele Erwachsene jeden Alters schreiben heute wieder Tagebuch. Das Blättern in den „Seiten alter Zeiten" kann der Anstoß dafür sein. Wieder andere sehen im Tagebuchschreiben eine schöne Möglichkeit, kreativ tätig zu sein und sich in der Schriftstellerei zu üben. Wieder andere wollen das Erlebte einfangen, um es daran zu hindern, vergessen zu werden: Denn kein Tag ist eine Nebensache; jeder Tag ist ein kostbares Geschenk, viel zu wertvoll, um nur an einem vorbeizufliegen.

Das Tagebuch – einst und jetzt
Denken wir einmal an die Tagebücher berühmter Personen, ohne die es kaum möglich wäre, z. B. das Leben vergangener Zeiten so detailliert zu kennen.

Schon in der Antike gab es eine Art Tagebuch. So finden sich auf dem assyrischen Tontafelkalender aus dem sechsten Jahrhundert Notizen aus dem täglichen Leben wie Marktpreise, Wasserstände, Wetterverhältnisse etc.

Im Mittelalter waren es Chroniken, Berichte und Logbücher, die allgemein Gültiges wie das Registrieren täglichen Geschehens beinhalteten und nicht ich-bezogen von einzelnen Personen geführt wurden.

Das Tagebuchschreiben im heutigen Sinne kennt man in Europa seit der Renaissance (15. und 16. Jhd.). Die Menschen begriffen ihre Individualität, traten heraus aus der Anonymität, wurden Zeitzeugen mit dem Bedürfnis, ihre Meinung kundzutun und Erlebnisse bzw. Geschehnisse aus eigener Sicht zu schildern. Begünstigend kam hinzu, dass das Papier sich zunehmend durchsetzte, das wesentlich erschwinglicher war als das bisher verwendete Pergament. Es entstanden objektiv kommentierte Beobachtungs- und Erinnerungsbücher sowie Reisejournale.

Es folgte der Sprung vom objektiv-privaten Tagebuch der Renaissance zum subjektiv-privaten Tagebuch, wie wir es heute führen. Ein bekanntes Beispiel dafür ist das zehnbändige Tagebuch des englischen Marinebeamten Samuel Pepys (1633–1703), bis heute ein Kultwerk der englischen Literatur, in dem er zehn Jahre seines Lebens detailliert aufzeichnete, inklusive Peinlichkeiten und Details aus seinem Sexualleben.

Das Hirn kennt keine Scham.
Jules Renard, 1864–1910, französischer Roman- und Tagebuchautor

Autoren des 19. Jahrhunderts wie E.T.A. Hoffmann (1776–1822) oder Friedrich Hebbel (1813–1863) bringen das Geschehen in Deutschland nahe. Hebbel gilt als *der* Chronist seiner Zeit, besonders um die Jahrhundertwende 1900 wurden seine Tagebücher von der jüngeren Generation geradezu verschlungen.

Es glänzt ein Tropfen Morgentau
im Strahl des Sonnenlichts.
Ein Tag kann eine Perle sein
und ein Jahrhundert nichts.

Gottfried Keller, 1819–1890, Schweizer Dichter und Politiker

Im 20. Jahrhundert wird das Tagebuchschreiben immer populärer; immer mehr Menschen schreiben ihre Erlebnisse in Kriegszeiten sowie während des nationalsozialistischen Regimes nieder. Die berühmtesten Werke dieser Zeit sind wohl das „Tagebuch der Anne Frank" über ihr Erleben der Jahre von 1942 bis 1944 sowie die umfangreichen Tagebücher von Joseph Goebbels (1897–1945), die er von 1924 bis zu seinem Suizid führte, und die als eine der wesentlichen Quellen für die Geschichte der NSDAP und des Dritten Reiches gelten.

Für das Ende des 20. Jahrhunderts gilt Walter Kempowski (1929–2007) als *der* deutsche Tagebuchschreiber seiner Zeit. Bemerkenswert ist das einzigartige Archiv privater Tagebücher, verfasst von den unterschiedlichsten, ihm überwiegend unbekannten Menschen, das er seit den 1980er Jahren über viele Jahre an seinem Wohnort in dem niedersächsischen Dorf Nartum in seinem Wohnhaus zusammentrug.

2005 gründete Kempowski die Stiftung Haus Kreienhoop, in die er sein Anwesen und den riesigen Naturgarten einbrachte, und schuf somit einen Begegnungsort für das kulturinteressierte Publikum (Näheres unter www.kempowski-stiftung.de), der nach wie vor reges Interesse findet.

Das Deutsche Tagebucharchiv im Alten Rathaus am Marktplatz in Emmendingen/ Schwarzwald (siehe: www.tagebucharchiv.de) sammelt und archiviert seit 1997 Tagebücher, Briefe sowie Memoiren und macht diese der Wissenschaft und der Öffentlichkeit zugänglich. Einsender aus ganz Deutschland schicken nicht nur Funde aus Nachlässen, die bis zur Wende vom 18. zum 19. Jahrhundert zurückreichen, sondern auch eigene sowie Aufzeichnungen von Zeitgenossen ein.
Jeder Interessierte kann dort Tagebücher einsehen oder in Lesegruppen mitarbeiten.
Es finden Führungen durch das Tagebucharchiv sowie im Museum wechselnde Ausstellungen ausgewählter Schriftstücke statt.

Als Formen des 21. Jahrhunderts haben sich im Internet „Weblogs" als öffentlich einsehbare Tagebücher und Tagebuch-Communitys, die autobiografische Ereignisse mit Zeit- und Ortsangaben, Karten, Fotos und Sounds miteinander verbinden, etabliert. Man kann hier „öffentlich" schreiben oder nur für sich.

Weitere bekannte Tagebuchschreiber:
Charles Baudelaire, Gottfried Benn, Bertolt Brecht, Albert Camus, Joseph von Eichendorff, Max Frisch, André Gide, Christiane Goethe sowie Johann Wolfgang von Goethe, Julien Green, Carl Gustav Jung, Ernst Jünger, Franz Kafka, Victor Klemperer, Selma Lagerlöf, Thomas Mann, Anaïs Nin, Cesare Pavese, Fritz Raddatz, Franziska von Reventlow, Luise Rinser, Jean-Jaques Rousseau, Peter Rühmkorf, Robert Falcon Scott, Leo Tolstoi, Frank Wedekind und Virginia Woolf.

Ein Tagebuch schreiben ist fotografieren mit einem Bleistift.
Unbekannter Verfasser

Das Schreiben eines Tagebuches oder das stichwortartige Aufnotieren, ob am Computer oder stilvoll mit der Hand in ein hübsches Büchlein, ist ungebrochen beliebt bei Jung und Alt!

Tagebuch schreiben – Zeit der Besinnung
Wer Tagebuch schreibt, möchte ihm etwas anvertrauen; ob er es nun für sich im Geheimen bewahren oder das Geschriebene später bestimmten Personen hinterlassen will.

Wer regelmäßig seine Eindrücke, Gefühle, Erlebnisse und Beobachtungen niederschreibt, lebt aufmerksamer und registriert wesentlich mehr von den Dingen, die um ihn herum geschehen. Das Tagebuch verhilft somit, das Leben bewusster und aktiver zu gestalten.

Carpe diem! – Nutze den Tag!
Horaz, 65 - 8 v. Chr., römischer Dichter

Die Auseinandersetzung mit dem täglichen Geschehen und das Aufschreiben dessen, was uns beschäftigt bzw. beindruckt, können bewirken, dass man die Dinge sachlicher, also weniger emotionsgeladen, betrachten und einordnen kann.

Das Tagebuch kann also durchaus als eine Art Gefühlsstabilisator dienen. In einer Lebenskrise oder in schwierigen Lagen dient das Tagebuch als Spiegel der Seele, indem wir ihm unsere Hilflosigkeit bzw. unser Gefühlschaos und die vielen offenen Fragen spontan anvertrauen, um diese zu einem späteren Zeitpunkt ruhiger anzugehen und bewusst nach Lösungen zu suchen und möglicherweise Entscheidungen zu treffen. Merke: Selten können wir unsere Probleme lösen, indem wir sie lediglich aufschreiben! Das Tagebuch kann aber Probleme verdeutlichen.

So erhält man Klarheit und Distanz und verhindert, unbedacht zu agieren. Das Tagebuch ist somit ein wunderbares Instrument zur Selbstreflexion, Selbsterkenntnis und Selbstfindung und kann uns bei unserer persönlichen Weiterentwicklung hilfreich sein.

Es ersetzt aber niemals das Gespräch mit einem anderen Menschen und es darf auch nicht dazu führen, dass man sich abschottet und die Menschen im unmittelbaren Umfeld denken lässt, man vertraue niemandem außer seinem Tagebuch. Noch schlimmer, wenn man Situationen zulässt, die Eifersucht auf das Tagebuch entstehen lassen. Das Tagebuch soll eine Bereicherung sein, helfen, sich nach außen zu öffnen, und nicht ein Mittel, um sich immer mehr in sein Schneckenhaus zurückzuziehen.

Viele Menschen führen ein Tagebuch, um zur Ruhe zu kommen. Das Ritual, für eine Weile in sich zu gehen und Rückschau auf den vergangenen Tag zu halten oder die Gedanken zum kommenden Tag zu ordnen, ist für sie so liebenswert geworden, dass sie nicht mehr darauf verzichten möchten. Sie tun sich also mit dem regelmäßigen Schreiben etwas Gutes.

Viele sehen in ihrem Tagebuch eine Art Notizbuch und schreiben chronologisch und stichwortartig das Geschehen nieder ohne „schmückendes Beiwerk" wie z. B. Gefühle, Gedanken, Gesprächsinhalte, politische oder zeitgeschichtliche Geschehnisse. Für den, der ein Nachschlagewerk zur Erinnerung an bestimmte Ereignisse benötigt und sowieso nicht der Typ für philosophische Betrachtungen ist, ist damit der Sinn und Zweck des Tagebuchs voll und ganz erfüllt. Was nicht heißt, dass ihm diese Form der Niederschrift nicht zum Ritual wird oder ihn nicht mit Ruhe oder einer gewissen Befriedigung erfüllt.

Eine Chronik schreibt nur derjenige,
dem die Gegenwart wichtig ist.
Johann Wolfgang von Goethe, 1749–1832, deutscher Dichter der Klassik,
Naturwissenschaftler und Staatsmann

Ganz anders der kreative Mensch, der sich von der schriftstellerischen Seite an das Tagebuchschreiben macht, mit der Sprache spielen, experimentieren und sie als schöpferisches Ausdrucksmittel einsetzen will, mit Gestaltungselementen arbeitet, eventuell das Tagebuch als Plattform für eigene Gedichte oder Geschichten einsetzt. Das Tagebuch verbietet nichts! Auch Problemlösungen lassen sich kreativ angehen, z.B. indem man verschiedene Lösungsansätze Schritt für Schritt konzipiert und dann den machbarsten umsetzt.

Welche Motive auch immer der Auslöser sind, mit dem Schreiben eines Tagebuches zu beginnen, eines sei klargestellt: Es soll Spaß machen und darf nicht zur lästigen Pflicht ausarten. Es gibt keinen Zwang, täglich in sein Tagebuch zu schreiben. Der eine schreibt regelmäßig, der andere unregelmäßig, z.B. immer dann, wenn etwas Bemerkenswertes geschehen ist.

Wenn man eine Zeitlang keine Lust hatte zu schreiben oder verhindert war, macht das auch nichts. Wer will, erklärt die Lücke oder schreibt ungeachtet dessen einfach an einem anderen Tag weiter, an dem es besser geht. Schade wäre es, das Schreiben ganz sein und das Tagebuch in der Schublade verkümmern zu lassen.

Es ist ganz gleich, wo man seine Gedanken niederlegt; der eine braucht dafür ein ganz besonderes Plätzchen in seinem Heim, der andere mag die Caféhaus-Atmosphäre oder den Trubel in der Metro, wieder andere suchen die Stille in der Natur.

Ob man morgens zum Start in den Tag, in der Mittagspause, abends als abschließendes Resümee oder nachts kurz vor dem Zubettgehen schreibt – das alles ist unwichtig. Die beste Zeit zum Tagebuchschreiben kann jeder nur für sich selbst herausfinden. Wichtig ist, dass das, was niedergeschrieben wird, echt ist, um befreiend, hilfreich und erinnerungswert zu sein.

Die Erinnerung ist das einzige Paradies,
aus dem wir nicht vertrieben werden können.
Jean Paul, 1763–1825, eigentlich Johann Paul Friedrich Richter,
deutscher Dichter, Publizist und Pädagoge

Auch müssen die einzelnen Einträge durchaus nicht in einem Zusammenhang stehen und nichts muss einer Form unterliegen – Spontanes gehört genauso hinein wie gründlich Durchdachtes und wohl Formuliertes –, ganz nach Lust und Tagesverfassung. Das Führen eines Tagebuchs soll eine schöne, für einen selbst gewinnbringende und in gewissem Sinn auch erholsame Tätigkeit sein.

Worüber und wie schreibt man in ein Tagebuch?
Zunächst einmal schafft man sich ein Tagebuch an: Man kann ein ganz einfaches Schreibheft benutzen oder lose Blätter beschreiben, die man in einem Ordner abheftet. Man kann in ein Notizbuch mit Kalendarium oder in ein schön gebundenes Buch mit „leeren" Seiten wie dieses hier schreiben.

Es gibt auch ganz edle, in Leder gebundene Exemplare mit Schloss und Schlüsselchen und Lesebändchen, die so schön ausschauen, dass man als ungeübter Tagebuchschreiber vielleicht erst einmal Hemmungen hat, hineinzuschreiben – aus Sorge, man könnte sich verschreiben, Kleckser oder Fehler machen, falsch Ausgedrücktes durchstreichen müsssen …

Halt! Solche Gedanken sollte man sofort vergessen! Das alles gehört dazu! Natürlich darf man sich verschreiben, Fehler korrigieren, Dinge durchstreichen! Und ein Fleck passiert immer einmal. Nur so ist ein Tagebuch authentisch. Das Tagebuchschreiben ist Privatangelegenheit. Was darin steht und wie es verfasst wurde, ist tabu für andere. Auf das ungehemmte Schreiben kommt es an, darauf, den Gedanken freien Lauf zu lassen.

Natürlich muss der Schreibstil nicht perfekt sein; das Schriftdeutsch nicht gewählt. Grammatik und Orthographie sind nicht das Wichtigste am Text! Man darf neue Wortkreationen schaffen, auch kräftig fluchen und schimpfen und natürlich darf man schamlos sein.

Man kann in ganzen Sätzen schreiben oder in Stichworten, man kann das ganze Blatt beschreiben oder lässt viel Platz. Manch einer wählt diese Form für den Fall, dass er nachträglich noch Gedanken oder Lösungen nachtragen kann, die ihm während des aktuellen Schreibprozesses nicht einfallen wollten. Man kann mit großer oder kleiner Schrift und natürlich auch kreuz und quer auf dem Papierbogen schreiben. Merke: Man schreibt für sich selbst!
Man kann selbstverständlich auch am PC ein Tagebuch führen. Hierzu legt man sich eine Datei in seinem Textverarbeitungsprogramm an oder schreibt in einem

„Weblog". Vielen Menschen fällt das Schreiben an der Tastatur leichter als von Hand. Wer beides möchte, am PC schreiben und Einträge mit der Hand verfassen, der macht solch einen Mix und druckt sich am PC Geschriebenes formatgerecht aus und klebt es ein.

Erlaubt ist, was gefällt: auch das Markern besonders wichtiger Passagen, farbige Unterstreichungen, das Einkleben von Bildern, Stickern, Zeitungsartikeln oder das spontane Zeichnen und Malen von Symbolen oder Bildern als Ausdrucksform. Je gestalteter und farbiger das Buch, umso interessanter ist es beim späteren Durchblättern.

Viele „Schreiber" geben ihrem Notizbuch eine bestimmte Form: Sie legen z.B. für jedes Jahr ein eigenes Buch an, versehen die erste Seite des Buches oder den Buchrücken mit der entsprechenden Jahreszahl. Sie nummerieren die Seiten fortlaufend, geben ihren Einträgen Überschriften und legen ein Inhaltsverzeichnis an. Oder sie teilen ihr Buch nach den vier Jahreszeiten ein oder nach Monaten. Sie erhalten so ein Verzeichnis, das es ihnen erleichtert, bestimmte Geschehnisse nachzuschlagen und schnell zu finden.

Sitzt man vor den leeren Seiten, hat man vielleicht eine Schreibhemmung und weiß gar nicht, wie man beginnen und was man in sein Tagebuch eintragen soll.

Zunächst startet man mit dem Datum, klassisch rechts oben auf der Seite – natürlich kann man es auch links hinsetzen oder an den Rand oder an das Textende –, man sollte es aber nicht weglassen, damit man den Eintrag beim späteren Lesen zeitlich zuordnen kann.

Dann schreibt man einfach über das, was am vergangenen Tag geschehen ist, das muss nichts Aufregendes sein, eben Alltägliches. Oder man schreibt, was man denkt, fühlt, was einen bewegt, erfreut, erschreckt, mit Sorgen erfüllt, was man sich erhofft oder erträumt, worüber man traurig oder enttäuscht ist, was man mag und was nicht, wofür man dankbar ist, wie es einem gesundheitlich geht oder was der schönste Moment des Tages war. Es kann ruhig auch einmal „Unsinn" dabei sein, total Unlogisches, Chaotisches, was soll's? Auch das ist der Ausdruck dessen, was man in sich verspürt – kurzum: Man kann über alles schreiben! Wichtig ist, sich nicht zu zensieren.

Träumereien sind der Mondschein der Gedanken.

Jules Renard, 1864–1910, französischer Roman- und Tagebuchautor

Die Einträge müssen nicht lang sein. Es ist ganz gleich, ob man einen Absatz oder eine Seite und mehr schreibt. Am besten setzt man sich einen bestimmten Zeitrahmen für seine regelmäßige „Schreibportion"; beispielsweise: abends, eine halbe Stunde vor der „Tagesschau".

Neben der Schreibhemmung oder -blockade gibt es als Gegenteil den Schreibrausch. Der tritt dann ein, wenn man seiner Wortflut keinen Einhalt gebieten kann, schreibt und schreibt, Seite für Seite, und sich dabei wie im Kreis bewegt.

Beim nachträglichen Lesen stellt man fest, dass man sich stellenweise in langweiligen Wiederholungen und Übertreibungen verloren hat und würde am liebsten die Seiten durchstreichen, ja noch lieber herausreißen. Bloß das nicht! Niemals sollte man sein Notizbuch „fleddern!" Danach gefällt es einem nicht mehr, es ist beschädigt, unschön, dem Auftrag, den es hat, nicht mehr angemessen! Und außerdem: Nicht alles, was man geschrieben hat, ist Makulatur, das meiste erfahrungsgemäß nicht, wenn man es mit einem gewissen zeitlichen Abstand nachliest. Merke: Was einmal vernichtet ist, lässt sich nicht wieder herstellen.

Solche „Schreibexzesse" darf es natürlich geben, sie sind sogar nötig, um zu erkennen, dass man zwar aus dem Bauch heraus schreiben soll, aber schon mit einigem Abstand zum Geschehenen. Es hilft, die Gedanken auf einem Beilageblatt zunächst zu strukturieren, wenn einem zu viel im Kopf herumgeht und man sich nicht recht konzentrieren kann.

Aber Vorsicht, es geht nur um das stichwortartige Niederschreiben der Gedanken. Wird das zu ausführlich, überträgt man dann letztlich nur in „Reinschrift" ins Tagebuch, schreibt also ab, und bringt sich um jede Spontaneität.

Tagebuchnotizen sind subjektiv. Natürlich empfinden wir viele Dinge anders als andere. Bekommen z.B. etwas „in den falschen Hals", was so nicht verstanden werden wollte. Wir fühlen uns durch eine Handlung oder Worte einer anderen Person zutiefst getroffen und schreiben uns unseren Frust von der Seele. Ein guter Rat ist, später, wenn der Sachverhalt geklärt, die Aufregung längst verflogen ist und sich als völlig unnötig herausgestellt hat, auch dies seinem Notizbuch anzuvertrauen. Sonst liest sich der Eintrag nach Jahren bekümmernd und erscheint als Missverständnis ungeklärt.

Selbstverständlich gehört Negatives in das Tagebuch. Dadurch, dass man Missliches beschreibt und sich damit schriftlich auseinandersetzt, wird es oft begreifbarer. Das Tagebuch ist aber nicht ausschließlich der Kummerkasten! Schließlich erfährt man nicht nur Leid Tag für Tag, sondern erlebt jede Menge Positives. Jeder, der Tagebuch schreibt, und sind es nur knappe Notizen, sollte bedenken, dem Schönen und Guten, dem Fröhlichen und Lebenswerten den weit größeren Platz einzuräumen.

Jeder Tag bietet uns so unendlich viel Bemerkenswertes! Es ist erfüllend, das zu beschreiben und zu bewerten, sei es eine besondere Blüte, eine farbenprächtige Landschaft, Vogeljunge im Nest oder der Morgentau im Spinnennetz, das Zirpen einer Grille, das leise Säuseln des Windes oder ein herzhaftes Lachen – jede Kleinigkeit, die man sinnlich wahrgenommen hat, die Freude oder Überraschung ausgelöst hat, ist es wert, einen Platz im Tagebuch zu bekommen; erscheint sie einem noch so banal. Was bedeutet das Adjektiv „banal"? In diesem Zusammenhang „nicht kompliziert, nicht außergewöhnlich, simpel, einfach". Genau das ist gemeint.

Nicht was wir erleben, sondern wie wir empfinden,
was wir erleben, macht unser Leben aus.
Marie von Ebner-Eschenbach, 1830–1916, österreichische Schriftstellerin

In einem Tagebuch muss nicht immer nur Selbstverfasstes niedergeschrieben sein. Ein schönes Gedicht zum Beispiel, das einen besonders anspricht oder zur momentanen Lebenssituation gut passt, kann man abschreiben oder kopieren und dann einkleben. Ein paar erklärende eigene Worte gehören aber dazu. Ebenso ist es mit kommentierten Artikeln, sinnigen Zitaten, tröstenden Sprüchen oder Sprichwörtern.

Ein Tagebuch ist auch ein Album. Natürlich kann man Fotos einkleben, Ansichtskarten von einem Traumurlaub, gelungene Cartoons, die einen immer wieder schmunzeln lassen, Eintrittskarten zu bestimmten Veranstaltungen, besondere Briefe ... eben das, was für einen selbst von so großer Bedeutung ist, dass man es festhalten möchte.

Viele Menschen erstellen gerne Aufgabenlisten. Darin notieren sie beispielsweise, was sie vorhaben, innerhalb einer Woche zu erledigen oder zu erleben. Am Ende der Woche – manche tun es auch am Ende eines Tages – streichen sie Erledigtes durch oder notieren auf, warum es noch nicht „ad acta" gelegt werden kann.

Eine empfehlenswerte Methode, die man durchaus für das Tagebuch übernehmen kann. Durch das „Abarbeiten" der „To-Do-Liste" stellt man schnell fest, ob man sich zu viel vorgenommen, zu viel gearbeitet und zu wenig an den Ausgleich gedacht hat, ob man Körper und Seele gerecht wurde, mit sich zufrieden ist. Beispiel: In solch einer Liste kann die Ermahnung an das eigene „Ich", keine Kohlenhydrate am Abend mehr zu sich zu nehmen, genauso stehen wie „Kleider in die Reinigung bringen" oder „Eltern besuchen" oder „Gehaltsbesprechung mit dem Chef".

Es geht auch umgekehrt. Statt vor dem Tun kann man eine Liste auch nach dem Tun erstellen. So kommt man zu einem guten Resümee, was man innerhalb einer Woche alles erlebt hat. Beispiel: Highlights im Job, gemütliche Fernsehabende oder Treffen mit Freunden, das Lesen eines guten Buches, sportliche Aktivitäten gehören ebenso in die Liste wie Unerfreuliches.

Verschiedene Arten von Tagebüchern
Neben dem ganz persönlichen Tagebuch, dessen Hauptaufgabe darin besteht, das Erlebte und das damit verbundene Empfinden und Befinden darzustellen, kann man noch weitere Tagebücher führen, wie zum Beispiel:

Das Traumtagebuch
Hier notiert man Träume, die man erinnert. Das können wunderbare Träume ebenso wie beängstigende, bedrohliche oder erschreckende sein. Auch wenn man nicht mehr den großen Zusammenhang weiß, auch „Traumfetzen" können aussagekräftig sein.

Das Erinnerungsvermögen an seine Träume kann man schulen, indem man sein Traumtagebuch mit Stift schreibbereit aufgeschlagen neben dem Bett auf den Nachttisch legt und sein Unterbewusstsein vor dem Einschlafen aktiviert, indem man mehrfach laut vor sich hin spricht: „Ich werde heute Nacht träumen." Das hört sich unglaublich an, es funktioniert aber bei vielen Menschen!

Das Datum nicht vergessen, manchmal wiederholen sich Trauminhalte, so lässt sich ein Vergleich herstellen sowie der Zeitabstand zwischen den Träumen definieren.

In den meisten Fällen verstehen wir unsere Träume nicht, bzw. können uns ihren Inhalt nicht erklären. Dennoch setzt man sich damit auseinander, schreibt die Traumbilder auf und welche Gefühle sie in einem ausgelöst haben. Manch einer versucht sich in seinem Traumtagebuch an der Traumdeutung; hierfür gibt es eine Vielzahl von Ratgebern im Buchhandel.

Das Highlight-Tagebuch

Hier kommen nur positive Dinge auf die Seiten! Man beschreibt in Stichworten wenigstens, eine erfreuliche Begebenheit pro Tag – meist erlebt man so viele, dass man Schwierigkeiten hat, alles zu notieren. Aber es gibt auch trübe Tage, und da kommt es darauf an, auch diesen etwas Erfreuliches abzugewinnen – und wenn es die Tatsache ist, dass man sich freut, gesund oder trotz allem guter Laune zu sein!

Das Partnerschaftstagebuch

Diese Form des Tagebuchs kann dabei hilfreich sein, sich gegenseitig besser zu verstehen, die Wünsche und Sorgen des Partners zu erkennen und möglicherweise einfühlsamer darauf einzugehen. Beherzigen sollte man dabei unbedingt, dass das geschriebene Wort nicht so flüchtig ist wie das gesprochene. Das heißt, dass man sich seine Formulierungen wohl überlegen sollte, Rücksicht auf den Partner nimmt, sich ehrlich und wahrhaftig äußert, ohne verletzend zu sein, Anklagen, Schuldzuweisungen und Selbstmitleid vermeiden muss.

Man sollte sich vornehmen, jeden Eintrag positiv enden zu lassen, ab und an kann eine kleine Liebeserklärung nicht schaden! Zudem ist das Paartagebuch auch der Platz, wo man gemeinsam Erlebtes wie z. B. Urlaube, Restaurantbesuche etc. niederschreiben kann und notiert, was einen besonders freute. So erhält der eine mehr Einblick in die Art des anderen, Eindrücke wahrzunehmen und zu verarbeiten.

Fotos von schönen gemeinsamen Momenten, Liebesbriefe, die man aufbewahren möchte, und anderes, was für beide Partner von Bedeutung ist, kann im Paartagebuch Platz finden.

In das Tagebuch kann man gemeinsam hineinschreiben oder jeder für sich – der Ersatz dafür, miteinander zu reden, ist es keinesfalls! Auch dann nicht, wenn der eine Tagesschichten und der andere Nachtschichten macht! Das Tagebuch soll eher ein Ansporn sein, Niedergeschriebenes miteinander zu besprechen und, falls nötig, zu gemeinsamen Lösungen zu kommen.

Damit man frei und ohne Hemmungen seine Gedanken, Gefühle und Sehnsüchte, aber auch Kümmernisse, niederschreiben kann, sind zwei Dinge ganz wichtig: Erstens muss das Tagebuch an einem Platz aufbewahrt werden, den nur das schreibende Paar kennt, und der für den Rest der Familie und für andere Personen unzugänglich ist. Zweitens muss sich jeder Partner absolut diskret verhalten und darf niemals einer dritten Person über den Inhalt der Einträge des anderen berichten. Ein solcher Vertrauensbruch kann eine Beziehung empfindlich belasten.

Das Schwangerschaftstagebuch

Jeder Tag, den man in Erwartung seines Kindes verbringt, ist einen Eintrag wert! Diese aufregende Zeit einschließlich der Arztbesuche, Ultraschallaufnahmen, Einkäufe von Babybekleidung, des Einrichtens des Kinderzimmers etc. sowie die Geburt, Erlebnisse mit dem Baby, seine Entwicklung und natürlich viele Fotos – all das sind wunderschöne Erinnerungen, nicht nur für Eltern und Großeltern, sondern auch später für das Kind, dem dieses Tagebuch übrigens in Erwartung des eigenen Nachwuchses als nützlicher Ratgeber dienen kann.

Das Familientagebuch

Mit dem Familientagebuch dokumentiert man die miteinander verbrachten Jahre. Die Zeit vergeht in einem rasanten Tempo und ehe man sich versieht, sind die Kinder flügge und aus dem Haus. Wie schade, wenn man es da versäumt hat, gemeinsame Erlebnisse festzuhalten.

Verlorene Zeit lässt sich nie wieder aufholen.
Jules Renard, 1864–1910, französischer Roman- und Tagebuchautor

Wesentlich am Familientagebuch ist, dass es nicht nur von den Erwachsenen bzw. den Eltern geführt wird. Jedes Familienmitglied soll sich einbringen! Beispiel: Schöne Einträge sind die ersten Kritzeleien des jüngsten Kindes genauso wie Omas liebster Fingerspiel-Vers oder Muttis bestes Backrezept sowie Fotos eines Rockkonzerts, bei dem die älteren Kinder waren. Eintrittskarten, Fahrscheine, Sticker, gepresste Blumen von der Picknickwiese etc. sind zudem gern verwendetes, schmückendes Beiwerk.

Das Familientagebuch gehört an einen Ort, wo es für jedes Familienmitglied gut einsehbar ist. Am besten legt man noch einige Buntstifte neben das Schreibzeug, um die Kinder zu spontanen Einträgen zu motivieren. Merke: Im Familientagebuch darf man Rechtschreib- und Grammatikfehler machen – das Schulmeistern der Erwachsenen könnte bewirken, dass das den Kindern den Spaß am Familientagebuch verdirbt.

Das Haustiertagebuch

Wer sich ein Haustier anschafft, ob als Tierbaby oder schon älter aus dem Tierheim, der macht innerhalb kürzester Zeit ganz neue Erfahrungen, die er später nicht mehr missen möchte.

Daher sei jedem Haustierbesitzer angeraten, ein Haustiertagebuch zu führen, das die Entwicklung des tierischen Hausgenossen aufzeigt, und vor allem den Spaß festhält, den man mit ihm hat.

Das Reisetagebuch

Das Reisetagebuch ist eine Ergänzung zum Reiseführer, den man im Buchhandel ersteht. Er vermittelt dem Leser ein detailliertes, umfangreiches Wissen, das sich dieser auf einer Reise so nicht aneignen kann. Aber ein Reiseführer kann nicht die Gefühle vermitteln, die man während der Reise erfährt. Beispiel: Die „Blaue Grotte" im Nordwesten der Insel Capri – wie blau man das Blau des Wassers in der Grotte empfindet, kann kein Reiseführer beschreiben.

Da man sehr viele Eindrücke während einer Reise sammelt, macht es Sinn, das Erlebte stichwortartig auf einem Notizblock zu notieren, um dann später z.B. im Hotel, wenn man die Muße dazu hat, das Erlebte ausführlicher im Tagebuch festzuhalten. Das Einkleben von Fotos, die ganz spezielle Eindrücke widergeben, rundet das Ganze ab. Noch Jahre später wird man seine Freude an der Niederschrift haben und sich weit besser an jede seiner Reisen erinnern.

Ein treu Gedenken, lieb Erinnern,

das ist die herrlichste der Gaben,

die wir von Gott empfangen haben.

Das ist der goldne Zauberring,

der auferstehen macht im Innern,

was uns nach außen unterging.

Friedrich Martin von Bodenstedt, 1819–1892,

deutscher Philologe, Übersetzer und Intendant

Chancen multiplizieren sich,
wenn man sie ergreift.
Sun Tzu

Das, was du heute denkst,
wirst du morgen sein.
Buddha

Der Weg bildet sich dadurch,
dass er begangen wird.
Tschuang-Tse

Gehe ganz in
deiner Handlung auf und denke,
es wäre deine letzte Tat.
Buddha

Sitz still, mein Herz,
wirble keinen Staub auf.
Lass die Welt den Weg
zu dir finden.
Rabindranath Tagore

Man erntet kein Reisfeld,
ohne es vorher
bestellt zu haben.
Buddha

Erfahrung ist
eine Laterne,
die an unserem Rücken hängt
und immer nur
das Stück Weg erhellt,
das bereits hinter uns liegt.
Konfuzius

Tue nichts,
was dir nicht entspricht zu tun.
Wünsche nichts, was dir nicht
entspricht zu wünschen.
Mong Dsi

Nichts in der Welt
ist schwierig,
es sind nur die eigenen Gedanken,
welche den Dingen
diesen Anschein geben.
Wu Cheng'en

Über das Ziel hinausschießen
ist ebenso schlimm,
wie nicht ans Ziel kommen.
Konfuzius

Nimm die Welt von
der leichten Seite,
und der Geist wird frei
von jeder Last sein.
Laotse

Fordere viel von dir selbst
und erwarte wenig von anderen!
So bleibt dir Ärger erspart.
Konfuzius

41

Wer neu anfangen will,
soll es sofort tun,
denn eine überwundene
Schwierigkeit
vermeidet hundert neue.
Konfuzius

Wer nicht aufs Kleine schaut,
scheitert am Großen.
Laotse

45

Erst am Ende unseres Weges
stehen die Antworten.
Laotse

Einen Fehler begehen und
nicht wiedergutzumachen,
das erst heißt wahrhaft fehlen.
Konfuzius

Wer sich nicht schämt,
etwas nicht zu können,
und sich nicht ärgert,
etwas nicht zu können,
der kommt voran.
Lü Bü We

Wer andere kennt, ist gescheit;
wer sich selbst kennt, ist weise.
Laotse

Verantwortlich ist man
nicht nur für das,
was man tut,
sondern auch für das,
was man nicht tut.
Laotse

Ein Tag Leben ist wertvoller
als ein Berg Gold.
Yoshida Kenkō

Wenn das Glück nicht
im Herzen wohnt,
so hat es keine Dauer.
Mo Ti

Glück ist,
wenn deine Gedanken,
deine Worte
und dein Tun
im Einklang sind.
Mahatma Gandhi

Wer bei seinen Handlungen
stets auf seinen Vorteil bedacht ist,
macht sich viele Feinde.
Konfuzius

Strebe nicht nach Ruhm
auf Kosten deines Inneren.
Bewahre es vielmehr und hüte dich,
es zu verlieren.
Tschuang-Tse

Glanz und Ehren mit
Hochmut gepaart,
ziehen sich selbst
ins Verderben.
Laotse

Liebe ist der höchste
göttliche Adel
und der Menschen
friedliches Heim.
Mong Dsi

Lerne, im Kleinen
das Große zu sehen,
im Wenigen viel zu sehen.
Laotse

Sieht man nicht nach dem,
was man begehren könnte,
bewahrt man sein Herz
vor Verwirrung.
Laotse

Wer das Gute, Schöne
und Wahre
in seinem Herzen wohl
begründet hat,
dem wird es so leicht nicht
entrissen werden.
Laotse

Sei selbst die Veränderung,
die du in der Welt sehen willst.
Mahatma Gandhi

Konzentration und Geduld
weisen den Weg.
Zen-Weisheit

Das Entscheidende
am Wissen ist,
dass man es beherzigt
und anwendet.
Konfuzius

Es schadet einem nicht,
wenn einem Unrecht geschieht.
Man muss es nur
vergessen können.
Konfuzius

Derjenige, der andere kennt,
ist klug; derjenige,
der sich selbst kennt, ist erleuchtet.
Laotse

Ist man in kleinen Dingen
nicht geduldig,
bringt man die großen Vorhaben
zum Scheitern.
Konfuzius

Die Bewegung
des Lebens ist Lernen.
Buddha

Der Weise genießt, was ihm
die Sinne vermitteln,
wenn es dem Leben nützt.
Er lässt davon ab,
wenn es dem Leben schadet.
Lü-Shih Ch'un Ch'iu

Die Selbsterkenntnis ist
die Quelle allen Wissens.
Lu Chiu-Yüan

Wer wenig wünscht,
verliert selten.
Konfuzius

Wer das Gute,
Schöne und Wahre
in seinem Herzen
wohl begründer hat,
dem wird es so leicht
nicht entrissen werden.
Laotse

Halten wir Bewegung an,
gibt es keine Bewegung mehr.
Bewegen wir das Ruhende,
gibt es kein Ruhendes mehr.
Sosan

Über Vergangenes mache
dir keine Sorgen,
dem Zukünftigen wende dich zu.
Tseng-Kuang

Habe Geduld mit jedem Tag
deines Lebens.
Zen-Weisheit

Wir müssen immer
höflich
und geduldig
mit den anderen umgehen,
die die Dinge
nicht so sehen wie wir.
Mahatma Gandhi

Die größte Offenbarung
ist die Stille.
Laotse

Eine größere Gabe
als die Fähigkeit
zum Maßhalten
kann der Himmel
keinem schenken.
Konfuzius

Nimm gegenüber Wandel
und Beständigkeit
die gleiche Haltung ein,
und nichts wird
deine Klarheit trüben.
Laotse

Es gibt Wichtigeres
im Leben,
als beständig
dessen Geschwindigkeit
zu erhöhen.
Mahatma Gandhi

In einem herzlichen Satz ist
genügend Wärme für drei Winter.
Laotse

Je leichter es ist,
etwas zu versprechen,
umso schwerer ist,
es dann zu halten.
Laotse

Dadurch, dass man über die
Verkehrtheiten anderer spricht,
macht man sich selbst nicht besser.
Konfuzius

Ein edler Mensch
schämt sich,
wenn seine Worte ständig
großartiger sind
als seine Taten.
Konfuzius

Je schöner eine Blüte ist,
umso seltener wird sie entdeckt.
Je schöner ein Wort ist,
umso seltener ist es zu hören.
Konfuzius

Wenn die Sprache
nicht stimmt,
dann ist das, was gesagt wird,
nicht das, was gemeint ist.
Konfuzius

Wir sind, was wir
denken.
Alles was wir sind,
entsteht mit unseren Gedanken.
Mit unseren Gedanken formen
wir die Welt.
Buddha

Wahre Worte sind
nicht angenehm,
angenehme Worte
sind nicht wahr.
Laotse

Der Reisende ins Innere
findet alles,
was er sucht, in sich selbst.
Das ist die höchste Form
des Reisens.
Laotse

Alles ist in uns
selbst vorhanden.
Wenn wir in uns gehen
und wahrhaftig sind:
Das ist die höchste Freude.
Konfuzius

Die Wahrheit,
die sich in Worten
ausdrücken lässt,
ist nie die
endgültige Wahrheit.
Laotse

Es ist besser,
ein kleines Licht zu entzünden,
als über große Dunkelheit
zu klagen.
Konfuzius

Der Ozean kennt
keine völlige Ruhe –
das gilt auch für den Ozean des
Lebens.
Mahatma Gandhi

Wenn wir nicht
ganz wir selbst sind,
wahrhaft im
gegenwärtigen Augenblick,
verpassen wir alles.
Thich Nhat Hanh

Geistige Größe kann
alle körperlichen Gebrechen
unsichtbar machen.
Tschuang-Tse

Dem Herz, das ehrlich ist,
öffnen selbst Steine sich.
Lju Hsjuang

Auch das größte Problem
dieser Welt
hätte gelöst werden können,
solange es noch klein war.
Laotse

Der Geist ist alles;
was du denkst, das wirst du.
Buddha

Willst du wertvolle
Dinge sehen,
so brauchst du nur
dorthin zu blicken,
wohin die große Menge
nicht sieht.
Laotse

Ganz gleich,
wie beschwerlich
das Gestern war,
stets kannst du im Heute
von Neuem beginnen.
Buddha

Bewältige eine Schwierigkeit
und du hältst einhundert andere
von dir fern.
Konfuzius

Der höhere Mensch
ist im Frieden mit sich selbst;
der Gemeine macht sich
ständig Sorgen.
Konfuzius

Es gibt keinen Weg
zum Frieden.
Der Frieden ist der Weg.
Mahatma Gandhi

Feingedrechselte Worte
und ein wohlgefälliges Gebaren
sind selten Zeichen
wahrer Menschlichkeit.
Konfuzius

Fast alles, was du tust,
ist letzten Endes unwichtig ...
Aber es ist wichtig,
dass du es tust.
Mahatma Gandhi

Lerne loszulassen,
das ist der
Schlüssel zum Glück.
Buddha

Kannst du kein Stern
am Himmel sein,
sei eine Lampe im Haus.
Laotse

Leuchtende Tage –
nicht weinen,
weil sie vorüber,
sondern lächeln,
dass sie gewesen.
Rabindranath Tagore

Wenn du erkennst,
dass es dir an nichts fehlt,
gehört dir die ganze Welt.
Laotse

Missgeschick ist
manchmal der Regen
des Frühlings.
Möge dein schlechtester Tag
der Zukunft besser sein
als dein bester
der Vergangenheit.
Laotse

Wer nur zurückschaut,
kann nicht sehen,
was auf ihn zukommt.
Konfuzius